Sherko Bekas,

Gedichte,

Eine Auswahl

Dr.phil. Bahman Bahrami

Coverbild: Rebwar

Copyright © 2019 Bahman Bahrami

ISBN: 9781081262266

پێشکەشە

بە گیانی پاکی کۆڵبەرە زەحمەتکێشەکان،
برا خۆشەویستەکەم نەمر بروومەن (بێهروز) بەهرامی و
لالۆزاوەکەم نەمر هۆشیار نەمامی.

Sowohl meinem geschätzten verstorbenen Bruder Bruman (Behroz) Bahrami, der mit seiner Liebe und seinem immer lächelnden Gesicht den Menschen stets Freude breitete, als auch seinem verstorbenen Freund Hoshyar Namami gewidmet.
In ewiger Erinnerung!

„Soviel das Brot an Hunger denkt,
soviel das Wasser an Durst denkt,
soviel der Märtyer an die Kindheit denkt,
und soviel das Gefängnis an die Freiheit und Draußen denkt,
denke ich an ihn!" (Sherko Bekas)

INHALTSVERZEICHNIS

Vorwort	9
Einführung	10
Der Märtyrer	12
Die Ehre der Stadt	13
Nur einer von uns	14
Abendrot	15
Streit	16
Gerechtigkeit	17
Erzählungen	18
Die Entscheidung	19
Ernte	20
Das Heimatland	21
Die kleine Laterne	22
Prophezeiung	23
Sterbe nicht dort!	24
In Abwesenheit der Freiheit	25
Das Geflüster	26
Euphrat	27
Auf der anderen Seite	28
Die Mutter	29
Mein Land	30
Kurde sein!	31
Freiheit!	32
Kaaba	33
Die Flucht	34
Der Schlüssel	35
Die Wunden	36
Bewusstlosigkeit	37
Unvergesslich	38
Übereinstimmung	40
Der Stuhl	41
Die Weite der Liebe	42
„Die süßen Küsse"	43
Verbrennung	44
Deine Liebe	45
Der Tod	46
Der Nachlass	47

Das Innere	48
Der Apfel des Gedichts	49
Das Netz	50
Verzeihung	51
Eine Nacht	52
Die Einsamkeit	53
Die bucklige Nacht	54
Meine Liebste	55
Der Sarg	56
Die Kirsche	57
Beschwerdebrief an Gott	58
Vielleicht	59
Verewigt	60
Morgenland	61
Witwe	62
Geschrei der Frau	63
Verboten	64
Nun ist ein Mädchen meine Heimat	65
Eingravieren	66
Angeekelt	67
Die Tiere des Waldes	68
Königlich schreiben	69
Tagebuch	70
Mauer	71
Verborgen	72
Zu Dritt	73
Haltstation	74
Die Reinkarnation	75
Lauer	76
Das Schreiben	77
Mein dummer Vater	78
Fortgehen	80
Die Hoffnung	81
Zählen	82
Weizenebene	83
Der Anzug	84
Merke es dir!	85
Zeichnen	86
Das Klavier	87

Sherko Bekas

Gedicht   88
Hier   89
Das Ende der Leiden   90
Falls   91
Oh Namenloser   92
Eine prostituierende Halskette   93
Die Wunden   94
Das Ruinengedicht   95
Anker   96
Die Versammlung   97
Die Freiheit   98
Freundschaft   99
Da sein   100
Die Schönheit   101
Gedichtsland   102
Du sollst wissen   103
Eine Socke   104
Ich selbst   105
Gottes Nobelpreis   106
Halabdscha   107
Verräter   108
Frau   109
Als ich ein Kind war   110
Ähnlichkeiten   112
Über den Autor   114

Vorwort

Als ich Sherko Bekas im Herbst 2009 auf dem Galawedsch-Festival zur kurdischen Literatur persönlich kennenlernte, wurde mein Interesse geweckt, um mich mehr mit seinen Werken auseinanderzusetzten. Es vergingen viele Jahre und mit dem unerwarteten Tod meines Bruders im Oktober 2018 als Kolbar in der iranisch-irakischen Grenze gestorben ist, fühlte ich mich mit Sherkos Gedichten viel mehr als vorher verbunden. Seine Gedichte erzählten von meinem Leid und Verlust. Seine Gedichte sind eine wirksame Heilung für mich, um meinen Schmerz besser verkraften zu können. So kam der Gedanke, diese Gedichte ins Deutsche zu übersetzten. Immerhin trägt Sherko als einer der bedeutendsten zeitgenössischen kurdischen Dichter den Beinamen „Kaiser des Gedichts". Somit wäre es wichtig, so eine bedeutende Persönlichkeit im deutschsprachigen Raum vorzustellen.

An dieser Stelle möchte ich mich bei Vincent Vässen, Victoria Demitrenko und Martin Draband für das Korrekturlesen der Gedichte herzlich bedanken.

Bahman Bahrami   Sommer 2019

Einführung

Sherko Bekas (Kurdisch: šerko bekas, Sorani: شێرکۆ بێکەس) war ein Sohn des bekannten kurdischen Dichters Fayeq Bekas. Seine Mutter war Schafiq Saied (šafīqa saʿīd). Sherko wurde am 2. Mai 1940 in Sulaimaniyah geboren und starb am 4. August 2013 in Stockholm.

Trotz schwerer Kindheit und finanzieller Probleme konnte Sherko seine Schule beenden. Als er 17 Jahre alt war, erschien sein erstes Gedicht in der Zeitung „Zhien" (auch žīn). Im Jahre 1965 schloss er sich der kurdischen Bewegung an und wurde zum Peschmarga-Kämpfer. Damit begann seine politische Karriere und er begann für den Radiosender „Stimme Kurdistans" (dengī kurdistan) zu arbeiten.

Im Jahre 1968 veröffentlichte Sherko sein erstes Buch namens „Trifay Hallbast (trīfay hałbast: Die Strahlung des Gedichts). 1969 heiratete er Nasrin Mirza (nasrīn mīrza). Aus dieser Ehe entstanden drei Mädchen und ein Junge.

1970 verkündete Sherko mit einigen kurdischen Dichtern wie Goran, Pashew und Hallmat ein neues stilistisches Mittel in der kurdischen Literatur. Die Gründung der sogenannten Ruanga (řwānga)-Bewegung im Jahre 1971 stellte für die kurdische Literatur eine Wende bzw. einen Bruch mit ihrer traditionellen Poetik dar.

Nachdem er sich den kurdischen Rebellen angeschlossen hatte, kämpfte Sherko mit seinen Gedichten jahrelang gegen Saddam Husain und das irakische Regime. Aufgrund der politischen Unterdrückung durch das Regime lehnte Sherko den Qadesia-Preis des Bath-Regimes im Irak ab. Auf Druck des Regimes musste er jedoch 1986 seine Heimat Kurdistan verlassen und fliehen. Von 1987 bis 1992 lebte er im schwedischen Exil. 1987 war Bekas Anwärter für den Florenz-Friedenspreis und erhielt in Stockholm den Tucholsky-Preis. 1992 kehrte er aus Schweden in seine Heimat zurück und wurde Kulturminister der Autonomen Region Kurdistan.

Sherko gründete 1998 den Sardam-Verlag in Sulaimanyya, der bis heute viele wertvolle literarische Werke von kurdischen Schriftstellern und Dichtern publiziert. Im Jahr 2001 erhielt Sherko den Piramerd-Preis des Chak-Verlags.

Sherko starb mit 71 Jahren in Stockholm an Krebs. Sein

Leichnam wurde aber seinem letzten Willen gemäß im Freiheits-Park seiner Heimatstadt Sulaimanyya begraben.

Sherko Bekas verfasste diverse Artikel, Essays, Theaterstücke, Romane und Gedichtbände. Seine Gedichte sind überwiegend kurz und schlicht, und beschäftigen sich mit sozial-politischen Themen wie Freiheit, Frauenrechte, Armut, Unterdrückung, Natur und Heimatliebe.

Von Sherko wurde bereits das Werk „Geheimnisse der Nacht pflücken" von Shirwan Mirza ins Deutsche übersetzt.

Auch in vielen anderen Sprachen sind seine Werke u.a. Französisch, Ungarisch, Dänisch, Türkisch, Italienisch, Persisch, Arabisch, Schwedisch und Englisch erhältlich.

Zum Schuss werden einige seiner bedeutendsten Werke vorgestellt, die im deutschsprachigen Raum noch unbekannt sind:

„Zwei Wacholder", „Morgendämmerung", „Geier", „Mein Durst wird durchs Feuer ausgelöscht!", „Die Schlucht der Schmetterlinge", „Das Kreuz", „Die Schlange und der Kalender eines Dichters", „Der Schatten und die Freiheit", „Dieses ehrenlose Wort", „Der Schmiedemeister Kaua", „Das Reh", „Der Fluss", „Der Napf des Peschmergas", „Die Geschichte des roten Adlers", „Die kleinen Spiegel", „Die Wiese der Wunde, die Wiese der Sonne", „Eine Frau und zwei Männer", „Die Frau und der Regen", „Ein Mann aus Apfelbaum", „Ich selbst, wenn ich ein Vogel bin wäre", „Die siebzig Fenster des Viertels", „Das Buch der Halskette", „Beeil dich, der Tot naht!".

Der Märtyrer
ist unsterblich
wie der Berg,
wie der Schnee,
wie der Frühling und wie die Rose.
Der Märtyrer ist das Wasser,
das den Durst der Erde löscht.
Er ist die Hand und die Finger,
und schafft das Leid der Erde fort.
Er ist die Sehkraft des Auges,
und sieht das Ende jedes zuweit entfernten Tages voraus!
Die Größe des Märtyrers ist groß wie die von Kurdistan!
Er ist das Herz der Freiheit und
die Flagge des höchsten Gedankens des Menschen!

Die Ehre der Stadt

Oh hochgeschätzte Demokratie!

Falls du einmal nach Kurdistan kommen solltest!

Und über den Stacheldraht gestiegen bist,

falls du die Minen überstehst,

falls du die glutheißen Schüsse überlebst,

falls du vor Durst nicht stirbst!

Nachdem du den Friedhof der Engel passiert hast,

wird eine alte Frau deinen Gruß entgegennehmen,

– Mag sein, dass sie Analphabetin ist,

aber sie kennt ihre mütterliche Ehre in- und auswendig –

sie ist seit tausenden von Jahren die Heldin!

Hab' keine Angst vor ihrem Gewehrlauf!

Küss' ihre Hand!

Knie vor ihr nieder und

notiere diesen Tag:

„Die Ehre" werden Frauen errichten,

die die Stadt den Schakalen nicht überlassen haben"!

Nur einer von uns
Es war Abend;
wir waren gerade noch entkommen,
aber es war für uns,
wie für den Regen von damals, kein Ende in Sicht.
Wir gingen wie eine Reihe von Tränen
und kletterten wie der Rauch des Dorfes am Berg hinauf.
Wir waren nass und trieften vor Regen.
Unsere Beine waren wie Teiche für unsere Körper,
unsere Kinder Schwalben,
unsere Frauen Bäume des Herbstes,
und unsere Alten erschöpfte Pferde.
Alle nass wie Regenrinnen!
Nur einer von uns unterm Regenschirm!
Ihn traf kein Tropfen.
Er war auch der ruhigste von uns:
das Kind, zugedeckt im Körper meiner Frau!

Sherko Bekas

Abendrot
Mein Traum flüchtete
in die Richtung eines Berghangs.
Auf dem Weg kletterte er
an einem Granatapfel hinauf.
Mein Traum stürtzte hinab!
Mein Traum zerbrach!
Auch der Granatapfel stürzte hinab!
Auch er zerbrach.
So sind die beiden zu
Teilchen, die nach oben und unten schwebten, geworden.
Sie sind zum Gebirgspass geflogen und
wurden zur letzten Farbe der Abenddämmerung!

Streit
Der Sturm verursachte
zwischen zwei Bäumen einen Streit.
Sie zogen sich an den Haaren,
und verletzten gegenseitige ihre Blätter und Zweige
bis zur Tiefe der Nacht.
Da kam die Sonne
und ihr Morgen
versöhnte sie.
Aber was in dieser Jahreszeit zunichte wurde,
waren die zu Boden gefallenen Früchte der beiden.

Gerechtigkeit
Oh Armut!
Hab' du hier keine Hoffnung
auf Gerechtigkeit,
da sie nicht kommen wird!
Und wenn sie kommen würde,
wird sie eine Maske über das Gesicht ziehen und
und insgeheim
mit den Dieben im Bunde sein!

Erzählungen

Ich legte mein Ohr an das Herz der Erde,
sie erzählte mir von ihrer Liebe mit dem Regen.
Ich legte mein Ohr an das Herz des Wassers,
es erzählte mir von seiner Liebe mit den Quellen.
Ich legte mein Ohr an das Herz des Baumes,
er erzählte mir von seiner Liebe mit den Blättern.
Als ich mein Ohr an das Herz der Liebe selbst legte,
erzählte sie mir von der Freiheit.

Sherko Bekas

Die Entscheidung

Ein Zimmer verlangte nach einem Licht,
das Licht verlangte nach einem Tisch,
der Tisch verlangte nach einem Heft,
das Heft verlangte nach einer Feder,
die Feder verlangte nach Hand und Finger und
der Finger verlangte nach Freiheit!

Ernte
Diesen ganzen Herbst
werde ich
damit verbringen,
Worte zu sammeln,
damit ich
dir das längste Liebes-Qasida-Gedicht schreibe,
wenn der Winter da ist!

Das Heimatland
Tausend Mal küsste ich mein Heimatland,
aber kein einziges Mal küsste es mich.
Es ist nicht erzwingbar!
Die Liebe ist keine Flagge,
die ich anfertige,
oder ein Gemälde,
dass ich erneut kaufen könnte!

Die kleine Laterne
In deinem gestrigen Brief
schicktest du mir eine kleine Laterne!
Als ich sie anzündete,
sah mein dunkles „Ich" sich im Spiegel!
Das Ich war eine dunkle und graue Geschichte,
voller Männer, die
die Laterne in der Frau getötet haben!

Prophezeiung
Ich sehe voraus,
dass
die Einsamkeit und ich
auch am Ende der Welt
zusammenbleiben werden.
Bei ihr wird das Feuer ihrer Zigarette ausgehen,
und ich werde für immer und ewig einschlafen.

Sterbe nicht dort!
Sterbe nicht dort, Allerliebste!
Sterbe nicht dort!
Weder der dortige Wind kennt dich,
noch einer seiner Vögel!
Keiner der Gewässer weiß,
zu welchem bergigen Schnee du gehörst.
Sterbe nicht dort, Allerliebste!
Sterbe nicht dort!
Mach weder mein Fremdsein fremder,
meine Einsamkeit einsamer,
noch meine Vereinsamung vereinsamter!
Sterbe nicht dort, Allerliebste!
Sterbe nicht dort!

In Abwesenheit der Freiheit

Hätte es den Menschen nicht gegeben,
was würde die Blume bedeuten
trotz ihres guten Duftes?
Würde die Frau nicht existieren,
was würde das Leben bedeuten,
auch wenn ich tausend Jahre leben würde?
Wäre der Klang der Musik im Haus nicht erklungen,
warum sollte „Hören" existieren?
Hätte das Gedicht die Existenz nicht berührt,
wäre im Traum die Laterne nicht angezündet,
um dich mitunter aufzurütteln,
erklär mir, warum sollte man überhaupt schreiben!
In Abwesenheit der Freiheit,
was bedeuten die
Blume, die Frau und die Musik?
Und was sind das Gedicht und das Leben an sich?

Das Geflüster

Es war später Nachmittag!
Der kleine Schuhputzer Hama
ließ seinen erschöpften Kopf hängen!
In einer Ecke des großen Platzes,
im Herzen des späten Nachmittags,
saß er auf seinem niedrigen Stuhl.
Er bewegte seinen dünnen Körper ununterbrochen,
wie die Schuhbürste in seiner Hand.
Der kleine, heimatlose Hama
führte flüsternd Selbtsgespräche:
Du, Händler! Strecke deine Beine!
Du, Lehrer! Strecke deine Beine!
Du auch, Anwalt! Strecke deine Beine!
Offizier, Soldat, Spion, Henker,
gute und böse Jungs,
streckt alle nacheinander eure Beine!
Es ist keiner mehr übriggeblieben!
Nur Gott ist noch übrig!
Ich bin mir sicher, dass er im Jenseits ebenfalls
nach einem Kurden verlangt
um seine Schuhe zu putzen!
Womöglich wäre ich dieser Kurde!
Ach, liebe Mutter!
Was glaubst du,
wie groß sollen die Schuhe Gottes sein?
Welche Größe würde er tragen?
Ach, liebe Mutter!
Und wieviel Geld würde er
dafür bezahlen?

Euphrat
Der Euphrat kommt öfters murmelnd zu mir,
setzt sich neben mich,
streichelt die Wellen seines Bartes mit der Hand,
und flüstert in mein Ohr:
Lies' mir Gedichte vor!
Was ewig bleibt,
sind mein Wasser
und jene Gedichte,
die die Armen nicht vergessen werden.

Auf der anderen Seite

Als ich in die Öffnung der Geschichte hineinblickte,
sah ich auf der anderen Seite eine tiefe Wunde.
Sie zog mich hinein,
ich fiel hinein und nach einer Weile wachte ich wieder auf!
Als ich in die Öffnung der Wunde hineinblickte,
sah ich auf der anderen Seite ein tiefes Leid.
Das zog mich herein,
ich fiel hinein und nach einer Weile wachte ich wieder auf!
Und als ich in die Öffnung des Leids hineinblickte,
sah ich auf der anderen Seite
das ganze Innere und Tiefe der Frau dieses Landes.
Sie zogen mich hinein,
ich fiel hinein
aber dieses Mal konnte nicht mehr aufwachen!

Sherko Bekas

Die Mutter
Ich schlief zwischen zwei Gärten,
und träumte grün und rot.
Zwischen zwei Sternen wartete ich
auf einen Vorwand,
und ich pflückte einen Strauß vom Geheimnis der Nacht
als Erinnerung.
Ich lief an zwei Flüssen entlang und
die Wellen und das Rauschen begleiteten mich.
Ich legte meinen Kopf auf das Kissen zweier Liebender,
und meine weißen Haare wurden
nach und nach wieder schwarz!
Und als ich zwischen zwei Müttern saß,
fand ich die größte Liebe dieses Landes!

Mein Land
In meinem Land
kommt
die Zeitung stumm auf die Welt,
das Radio taub,
und der Fernseher blind,
Und diejenigen, die erleben wollen, dass
Sie alle gesund auf die Welt kommen,
werden
stumm gemacht und getötet,
taub gemacht und getötet,
blind gemacht und getötet,
in meinem Land.
Ach, mein Land!

Sherko Bekas

Kurde sein!

Ich bin Kurde!
Ich weiß nicht
wer mein Herr ist,
welcher Gott oder
welcher Satan mein Besitzer,
Und wer mein Beschützer ist.
Weder der Himmel hilft mir,
noch die Welt oder das Gesetz,
oder die Glocke der Kirche,
oder die Minarette der Moschee.
Letztendlich weiß ich nicht,
auf wen und was ich schwören soll.
Solange es die Auswanderung gibt, wandere ich aus!
Solange das Feuer existiert, verbrenne ich!
Solange es Wasser gibt, ertrinke ich!
Solange es Messer gibt, bin ich das Opfer!
Solange es die Erde gibt, bin ich der Heimatlose!
Solange der Berg existiert, stürze ich ab!
Solange es das Seil gibt, werde ich erhängt!
Ich bin schon vor Moses heimatlos gewesen!
Ich wurde vor Jesus gekreuzigt!
Ich wurde vor den Quraisch bereits lebendig begraben!
Und ich wurde vor Husain geköpft!

Freiheit!
Welche Freiheit?
Freiheit ist ein Pferd, müde und hinkend,
dass jeden Tag Gewehrpatronen mit sich führt!
Heimat!
Welche Heimat?
Eine Erde, die wir jeden Tag mehrmals töten?
Eine Ebene, die zu einer Leichenwäscherei geworden ist?
Ein Berg, der zum Sarg geworden ist?
Stein, Sand und Kiesel,
die Fesseln und Gefängnisse geboren haben?
Ich weiss nicht, welches davon Heimat sein soll,
Welches davon Freiheit ist.
Ein Bach,
dessen Quelle wir am hellichten Tag rauben?
Eine Geliebte,
deren Augen wir im Schlaf stehlen?
Eine Wolke,
deren Regen wir vor Fallen plündern?
Ein Mond,
den wir bei Vollmond klauen?
Die Freiheit ist ein Pferd, müde und hinkend,
dass jeden Tag Gewehrpatronen mit sich führt.

Kaaba
Ein Haar eines schönen Mädchens
blieb an meiner Schulter haften.
Daraus machte ich
Ein Schaukelseil für eins meiner jungen Gedichte.
Ein Kieselstein Kurdistans
– wann und wie? Keine Ahnung! –
ist in einer Ecke meiner Tasche gelandet.
Heute fand ich ihn zufällig.
Ich nahm ihn heraus,
küsste ihn
und machte ihn zur Kaaba meiner Gedichte.

Die Flucht

Was wollte ich von diesem Land, außer
einem Stückchen Brot,
einer Ecke voller Geborgenheit,
einer satten Tasche,
einer Handvoll entspannter Sonne,
einem Regen aus Liebe und
einem Fenster,
geöffnet in die Richtung der Freiheit und der Liebe.
Was wollte ich außer diesen,
die nie existierten?
Bis ich mitten in der Nacht
ein Tor aufgebrochen habe,
und gegangen bin.
Ich bin dann auf ewig fortgegangen.

Der Schlüssel
Ein Schlüssel
weinte an einer einsamen Ecke,
weil sie nicht nach ihm gesucht haben,
sondern mit der Kanone
die Tore der Stadt zerschossen haben!

Die Wunden
Für mich gleicht
der Kopf eines Nagels
dem Kopf eines Gedichts.
Denn beide werden
mit scharfer Spitze in die Tiefe gebracht.
Einer durch den Schlag des Hammers und
der andere durch den Druck des Leids.

Bewusstlosigkeit
Auf jene Anhöhe
fiel ein Vogel hinab,
als er mit eigenen Augen sah,
wie am Horizont eine Wolke ermordet wurde.
Auf einem Berg
wurde ein Wasserfall ohnmächtig,
als er mit eigenen Augen sah,
wie sie gegenüber eine Weinrebe töteten.
Und im Haus
wurde eine Kamantscha ohnmächtig,
als sie mit eigenen Augen sah,
wie unten auf der Straße ein Gedicht ermordet wurde.

Unvergesslich

Es war einmal die Epoche der Massaker der Worte,
aber nicht jedes Wortes!
Es war einmal die Epoche der Massaker der Liebe,
aber nicht jeder Liebe!
Die Soldaten
hatten einen schwarzen Polizeihund dabei.
Als sie ihn am Anfang der Straße sahen,
riefen sie ihn, und
hetzten den Hund auf ihn.
Er blieb stehen.
Die Soldaten umzingelten ihn.
Der Hund schnüffelte überall
an seinem Körper.
Die Soldaten trainierten den Hund seit längerem um nach
ungehorsamen Gedichten,
der Heimatliebe, dem Fluchtort der Freiheit
und dem Wohnort des Adlers zu fahnden.
Der Hund lächelte instinktiv,
Ließ von ihm ab und
kehrte zu den Soldaten zurück.
Der Dichter hielt daraufhin
mit beiden Händen seinen Hut fest,
setzte seinen harmlosen Weg fort,
passierte sie und lief fort.
In der Epoche des Wort- und Bedeutungsmassakers
trug dieser Dichter nichts von alledem bei sich,
was von den Soldaten und dem Polizeihund zu fürchten wäre,
nichts, was in der Epoche des Liebes-,
Heimats- und   Landesmassakers
für die dunkle und zutiefst bekümmerte Nacht der Geschichte
eine Laterne sein könnte.
Was er in der Tasche hatte,
war ein Qasida-Gedicht, traurig und versteckt,

ein eingesperrter Hilfeschrei Geschrei
und eine Form der bitteren Liebe.

Übereinstimmung

Der Herbst gleicht mir selbst,
ich gleiche der Frau,
die Frau dem kalten Wind,
der Wind dem Berg,
der Berg einem eisgefrorenen Jahr,
das Eis dem Körper der Witwen,
die Witwe meiner Mutter,
meine Mutter dem Kurden,
der Kurde der Einsamkeit und
die Einsamkeit Gott!

Der Stuhl
Mein Name ist Stuhl.
Keiner weiß es – aber ich weiß es!
So viele Dolche, die betrogen haben,
so viele aus Blut bestehende Bäche,
gestohlene Reichtümer und Vermögen,
so viel schwarzer Hass,
sie sind da und möchten sich an mich anlehnen.
Aber sie sagen nichts.
Keiner von ihnen verrät mir,
dass sie da seien, um sich an mich anzulehnen.
Sie erzählen: Es sei wegen der hübschen Augen
und wegen der herrlichen Größe der Freiheit.
Sie sagen: Für die Milch des Säuglings
und für Wasser und Brot,
für die Nester der Vögel und
für die Notwehr gegen den Angriff der Raubtiere sei es.
Sie verraten aber nicht,
dass sie da sind, um sich an mich anzulehnen.

Die Weite der Liebe
Wenn ich mit einem Blumenzweig schreibe,
werde ich den Wald sehen.
Wenn ich einen Tropfen Regen sehe,
höre ich den Klang des Meeres.
Ich habe ein Weizenkorn in meiner Hand,
eine Ernte in meinem Inneren,
ein Haar der Geliebten dabei und
die Liebe umarmt.
Und nun, da ich eine Zeile von Nalis Gedicht dabeihabe,
trage ich Kurdistan in mir.

Sherko Bekas

„Die süßen Küsse"
Wenn das Rebhuhn stirbt,
hinterlässt es einige Lieder
für den Berg.
Stirbt die Biene,
hinterlässt sie einige süße Küsse
für den Garten.
Stirbt der Pfau,
hinterlässt er ein paar bunte Federn
für die Blumenvase.
Stirbt das Reh,
hinterlässt es den Moschus.
Und wenn ich sterbe,
werde ich ein paar frische und schöne Gedichte
für Kurdistan hinterlassen.

Verbrennung

Im Hof der Angst, auf den Treppen
schlich die Dunkelheit
wie ein Räuber in meine Seele hinein.
Als sie sich meinem Herzen näherte,
wollte ich meine Hand nach ihr ausstrecken.
Da zündete ich blitzschnell
deine Liebe an
und damit
wurden Dunkelheit und Angst verbrannt.

Sherko Bekas

Deine Liebe
Deine Liebe fügte der Uhr eine Stunde hinzu,
die fünfundzwanzigste Stunde!
Deine Liebe fügte den Wochentagen einen Tag hinzu,
den achten Tag!
Deine Liebe fügte dem Jahr einen Monat hinzu,
den dreizehnten Monat!
Deine Liebe fügte den vier Jahreszeiten noch eine Jahreszeit hinzu,
die fünfte Jahreszeit!
Deine Liebe schenkte mir das Leben,
sodass ich eine Stunde, einen Tag,
einen Monat und eine Jahreszeit
mehr als andere Liebende habe.

Der Tod
kommt jeden Abend und
breitet seine Flügel über meine Träume aus.
Er kommt jeden Morgen und
zählt meine erschöpften Schritte!
Dann durchsucht er meine Taschen
auf der Suche nach neuen Beweisen!

Der Nachlass
Den Regen lud ich nach Hause ein,
er kam, blieb, ging fort und
hinterließ mir einen Blumenzweig.
Die Sonne lud ich nach Hause ein,
sie kam, blieb, ging fort und
hinterließ mir ein kleines Spieglein.
Den Baum lud ich nach Hause ein.
Er kam, blieb, ging fort und
hinterließ mir einen grünen Kamm.
Dich lud ich nach Hause ein,
Du, das schönste Mädchen der Welt!
Du kamst und warst bei mir,
und bei der Rückkehr
nahmst du die Blume, das Spieglein und den Kamm mit,
und für mich hinterließt du ein schönes Gedicht,
durch das ich vollkommen geworden bin.

Das Innere
In der Tiefe meines Inneren
lebt eine traurige Flöte.
Jedes Jahr,
wenn der Herbst kommt,
setzt es sie an den Mund.
Der Wind verwüstet alles um sich herum,
die Augen der Einsamkeit werden feucht,
meine Erwartungen brechen zusammen,
und der Hof meines Gedichts wird
voll von Blütenblättern.

Der Apfel des Gedichts

Du sollst wissen,
ich, der Dichter, der dir
so viele Äpfel
sowie den Apfelbaum
hervorbringt,
werde durch die Liebe der Frau
bewässert.
Es sind
die Sonne ihrer Augen und
der Wind ihrer Trübsal und ihres Elans,
die mich
am Leben halten.

Das Netz
Die Flut sagte zum Fischer:
Es gibt unzählige Gründe
für die Trübsal meiner Wellen.
Der wichtigste Grund ist aber:
ich bin für die Freiheit der Fische
und gegen das Fischernetz.

Verzeihung
Die Brise bat die Blume um Verzeihung,
da sie leiser über sie hätte säuseln können!
Die Blume bat die Biene um Verzeihung,
da sie von ihren Lippen mehr hätte saugen lassen können,
aber sie es nicht erlaubt hat!
Und die Biene bat die Frau des Bienenzüchters um Verzeihung,
da sie sie nicht absichtlich gestochen hat,
und dies aus Versehen war!
Aber die Frau des Bienenzüchters
sagte ihrem Mann:
„Du musst dich auch mehrmals
bei mir entschuldigen,
da du dich heute wie eine Arbeiterbiene hingelegt,
ausgeruht und mir kein bisschen geholfen hast!"

Sherko Bekas

Eine Nacht
In jener Nacht,
waren in diesem düsteren Hafen
ich und
ein sehr kleines Gedicht
bis in die Morgendämmerung.
Ich war für das Gedicht
Milch und
Wiege geworden.
Und es ist für mich
das Neugeborene und das Licht geworden.

Die Einsamkeit
Ich fühle mich
heute einsam,
wie der letzte Tag des Herbstes,
wie meine Stadt.
Nach der Beerdigung des jungen Gedichts
bin ich einsam.
Alles ist heute einsam,
wie das Fremdeln meiner Mutter,
wie der Leib meines Vaters.
Wie die Leiche eines unbekannten Opfers
bin ich ganz einsam.

Die bucklige Nacht
Ich heiße Schlaf und
komme aus dem Land der Magie.
Mein Vater ist Gipfel
und meine Mutter ist Nebel.
In einem Jahr mit gestorbenem Monat,
einem Monat mit gestorbener Woche
und an einem Tag mit gestorbener Stunde
bin ich geboren.
Nach einer vom Wind geschwängerten Nacht,
einer buckligen Nacht,
mit Gebirge auf den Schultern,
in einem verwundeten Morgengrauen
aus einem dunklen Abendrot,
fiel ich wie ein blutiger Pfeil herab.
Ich entflammte,
ich wurde zu Wachs,
mit einer Flamme am Hals.
Ich wurde zu einer Frage
mit Geschrei auf den Lippen.

Meine Liebste
Ich erinnere mich gut daran,
wie der Schnee
wie ein unerwarteter Gast
eintrat und
leise an das Fenster meines Gedichts
klopfte und schrie:
„Mach auf,
ich bin von weitem hierhergereist
und mein Symbol ist
eine Truhe voll von neugeborenen Worten
die nicht einmal vom Schnabel des Rebhuhns berührt wurden".
Ich erinnere mich gut daran,
dass ich die Truhe genommen
und in meinem Herzen gelassen habe.
Ich antwortete:
„Ich bleibe, stehe dir gegenüber und
hefte meinen Blick an deinen.
Meine Schöne!
Ich werde vom
unerwarteten Besuch des Schnees deiner Augen
nicht satt.
Oh Liebste!
Komm, bring den Schnee mit deiner Hand,
ich will mit dem Schnee auftauen,
während ich dich anschaue".

Der Sarg
Wusstest du,
dass ein Schwarm von Wiedehopfen,
wenn sie am Sarg einer Blume oder eines Zweiges vorüberfliegen,
stehenbleiben und ihre Kappen abnehmen,
bis der Sarg vorüberzieht?
Und wusstest du,
dass eine Eichel um einen gestorbenen Vogel weint
und ihre Kappe abnimmt,
um ihre Tränen zu trocknen?
Oder dass meine Feder jedes Mal,
wenn ich in meinem Zimmer die Nachricht
von einer abgeschlachteten Eiche
oder einem getöteten Vogel erhalte,
ihre Kappe abnimmt und weint?

Die Kirsche
Als sie ihn töteten,
hielt er eine Kirsche in der Hand.
Er fiel um und
die Kirsche fiel ebenso zu Boden.
Er lag langausgestreckt auf der Erde
und ist im Angesicht der Sterne eingeschlafen.
„So haben sie den Märchenerzähler getötet".
Die Jahreszeiten vergingen, und die Zeit verging ebenso.
Dort wuchs der Kirschkern heran,
gedieh und wurde zu einem Baum.
Anstelle von Blättern wuchsen dieses Mal
Kirschen in die Höhe,
das Wort, der Satz und die Sprache heran.
Daraus wurde
ein märchenerzählender Kirschbaum!

Beschwerdebrief an Gott
Nach dem Massaker von Halabdscha
schrieb ich einen Beschwerdebrief an Gott,
einen sehr langen.
Bevor ich ihn den Menschen vorlas,
lies ich ihn einem Baum vor.
Der Baum weinte.
Da fragte in einer Ecke ein Briefvogel
„Wer kann deinen Brief dort hinbringen?
Falls du dabei an mich denkst,
mein Gefieder
kann den Gottesthron nicht erreichen".
Die Dunkelheit verbreitete sich.
Der dunkel gewandete Engel meines Gedichts
sagte dann: „Mach dir keine Sorgen,
ich werde deinen Brief zum
Gottesthron bringen,
aber ist dir überhaupt bewusst,
dass niemand Gott sehen darf?
Es gibt also keine Gewähr,
dass er selbst deinen Brief empfängt!"
Ich antwortete: „Einverstanden! Flieg du mal hin!"
Der Vogel der Inspiration spannte sodann seine Flügel aus.
Am nächsten Tag kam er mit dem Beschwerdebrief wieder zurück.
An das Ende des Briefs
hatte der im vierten Rang stehende Sekretär Gottes,
Obaid, geschrieben:
„Schreib auf Arabisch, du Dummkopf,
Schreib auf Arabisch!
Hier kann und kennt keiner Kurdisch!
Dein Brief wird Gott niemals erreichen".

Vielleicht
sehe ich in einem Baum eine Frau,
und in einer Frau einen Fluss.
In ihren Augen sehe ich meine ganze Geschichte.
Die Frau ist das Symbol der Größe.
Wenn wir die Frau aus dem Gedicht ausließen,
würden unsere Gedichte wie Dürre aussehen.

Verewigt
Wenn deine Liebe
der Regen wäre,
stünde ich nun unter ihm.
Wäre sie das Feuer,
säße ich in ihm!
Mein Gedicht erwidert:
„Nun bin ich
mit dem Regen und Feuer
verewigt".

Morgenland

Immer wenn ich in diesem Morgenland versuchte,
gegenüber dem Spiegel,
auf zwei Stühlen,
die Worte „Frau" und „Freiheit"
nebeneinander, aber friedlich,
zu setzen,
war es zwecklos.
Immer kam das Wort „Volk",
mit einer Gebetskette in der Hand,
und setzte sich auf den Platz der Frau hin.

Sherko Bekas

Witwe
Ich bin eine Witwe,
mein Mann war der Stift eines Journalisten.
In den Sitzungen,
auf den Seiten der Zeitungen und Zeitschriften,
redete er stets
von der Freiheit der Halskette,
ihrem Recht und ihrer Gleichberechtigung,
aber Zuhause, mir gegenüber,
war er ein Monster,
ich war eine Sklavin und
er griff mich ständig an.

Geschrei der Frau

Oh, das blutige Geschrei der Frau!
Weshalb verlangst du nach Gleichberechtigung?
Um meiner Stufe näher zu kommen?
Ich bin selbst ein Mann,
Wächter eines Friedhofs von Aberglauben,
mit einem Halsband aus Blödsinn am Hals und
gefangen durch einen fehlerhaften Verstand.

Verboten
Guten Tag!
Mein Name ist Felsentaube und ich bin ein Mädchen.
Mein Haus liegt im Minarettenviertel.
Ich bin angeekelt von
meinem Gefieder, meinem Schnabel,
meinem Haus, meinem Viertel und von allem!
Ich bin das verbotene Gurren in der Religion und der Heimat,
mir ist nicht zugesagt abseits dieses Minaretts zu fliegen!
Mir ist nicht zugesagt außer dem Klang des Minaretts
einen anderen Klang zu hören,
mit Schnee und Wind zu tanzen,
oder meine Hand in der Hand des Jungen meiner Träume
und Wünsche zu lassen!
Ich darf meine Haare nicht
den Straßen, der Musik und den männlichen Felsentauben zeigen!
Ich bin die Weiblichkeit eines verbotenen Frühlings
und werde Tag und Nacht von den Augen des Minaretts
überwacht!
Meine Flügel dürfen den Flügeln der männlichen Felsentauben
nicht mal mit zwei Fingern
einen Handschlag geben!
Ich bin das verbotene Schicksal,
ich bin wie eine Statue.
wie eine verbotene Rose,
wie ein verbotenes Wasser,
wie ein verbotenes Lied,
und ich bin wie Wein in einem verbotenen Qasida-Gedicht!

Sherko Bekas

Nun ist ein Mädchen meine Heimat
Nun habe ich meine Heimat gefunden!
Meine neue Heimat ist ein Mädchen,
dass eurem alten und bissigen Land kein bisschen ähnelt.
Ich möchte in eurem schlaflosen Land nicht mehr leben,
ich möchte in die bunte Welt dieses Mädchens eintauchen,
und dort
Wunder träumen,
Gedichte schreiben,
schlafen,
mich hinlegen,
Schneeregen und Schmetterlinge anschauen,
die Liebe berühren und ihren Geruch fühlen.
Ich möchte gerne in die Hütte des Friedens hineingehen,
dort leben und sterben!

Eingravieren
Wenn
die Sterne,
die Wolken,
der Wind
und die Sonne
den Mörder nicht sehen!
Wenn die Vögel am Himmel getötet werden,
und der Horizont sich taub stellt, und
die Berge und Gewässer sie vergessen,
dann sollte es zumindest einen Baum geben,
der sie sieht und ihre Namen in seine Wurzeln eingraviert.

Sherko Bekas

Angeekelt
Angeekelt bin ich, angeekelt!
Ich fühle mich angeekelt
von diesen ganzen Klingen des Schlachtens,
von diesen ganzen dürren, schwarzen Winden,
von diesen ganzen Wäldern der Rache!
Angeekelt bin ich, angeekelt
von diesen ganzen verrosteten Geschichten,
die seit der Kindheit meine Ohren taub gemacht,
mir das Augenlicht geraubt, und meine Gefühle
mit der Taubheit der Knochen geraubt haben.

Die Tiere des Waldes
Als es dunkel wurde,
dachte ein Löwe in seiner Höhle darüber nach,
wie er morgen
seinen Nachbarn, den Leoparden, überfallen würde.
Der Leopard dachte darüber nach,
wie er morgen
den Fuchs jagen und ihm sein Fell abziehen würde.
Der Fuchs dachte darüber nach,
wie er an die Felsenhöhe herankommen könnte,
um die Taubenküken zu fressen.
Und die Taube dachte darüber nach,
wie sie den Jäger,
den Vogel
und die ganzen Tiere dieses Waldes
mit einander versöhnen könnte.
In der Tat, wie könnte ihr das gelingen?!

Sherko Bekas

Königlich schreiben
Eine Feder verließ alle,
ohne jemanden zu informieren,
sodass kein Heft und kein Papier
wusste, wohin sie gegangen ist.
Sie wollten sie anspitzen und
sich selbst damit ausradieren,
da sie verlangten, sie solle so schreiben,
dass nur Könige es lesen können!

Tagebuch

Eine Rose schrieb ihr eigenes Tagebuch!
Die Hälfte davon handelte vom schönen Blick des Wassers.
Das Wasser schrieb sein eigenes Tagebuch!
Die Hälfte davon handelte von der Erhabenheit des Waldes.
Der Wald schrieb sein eigenes Tagebuch!
Die Hälfe davon handelte von der geliebten Heimat.
Als meine Heimat ihr eigenes Tagebuch schrieb,
handelte ihr ganzes Tagebuch, vom Anfang bis zum Ende,
von der liebevollen Mutter: Der Freiheit.

Sherko Bekas

Mauer
Guten Morgen!
Mein Name ist Mauer.
Ich wohne an einer Hauptstraße.
Ich bin lang wie die Längen des Ekels und
hoch wie die Höhe des Zorns!
Jede Parole, die es gibt,
wird mir aufgeklebt.
Von hunderten von Parolen gibt es keine Einzige,
die mich etwas lehren könnte!
Von hunderten von Parolen gibt es keine Einzige,
die mir etwas Freude schenken könnte!
Es war grade gestern,
da hängten sie von meinem Kopf bis zu meinem Zeh
eine Parole an mir auf.
Als ich sie las,
ergriff mich aus Schande die Scham,
denn so wurde ich zur Mauer eines Landes,
in dem so eine gewaltige Lüge
aufgehängt werden muss!

Verborgen
Oh, schönes Mädchen!
Du bist weder Dichter noch Kunstmaler,
ich aber bin beides.
Wer weiß aber,
dass deine Augen mir jede Nacht
heimlich diese Gedichte schenken?
Und wer weiß,
dass es deine Finger sind,
die mir diese Bilder malen?
Nun fürchte ich, dass deine Augen und Finger
eines Tages
dieses Geheimnis enthüllen und
der Straße, der Gasse und der Welt erzählen:
In Wahrheit ist dieser Mann
weder Dichter noch Kunstmaler!

Sherko Bekas

Zu Dritt
In jener Nacht
saßen in einem Park
auf einer Bank
eine zeitlang
ein Blinder, ein Tauber und ein Stummer
beieinander.
Sie hatten aufrecht gesessen
und waren munter.
Denn der Blinde hatte mit den Augen des Tauben gesehen,
der Taube mit den Ohren des Blinden gehört,
und der Stumme die beiden anhand der Bewegungen
ihrer Lippen verstanden.
So haben sie alle drei gemeinsam
die Düfte der Blumen genossen.

Haltstation
In der Dämmerung deines Traums
vertrautest du mir zwischen zwei Bergen
deine Haarsträhne an.
Ich wickelte sie in eine Wolke,
in der der Regen eingeschlafen war.
Als der Regen die Augen öffnete,
löste sich von deiner Haarsträhne ein Blitz
Mein Herz regnete,
und nach deiner Sehnsucht
wurde ich ein Funke
mit gebundenen Flügeln!
Ich bin ein Vogel geworden.
Ich riss die Grenzen des dichten Nebels ein,
bis ich dich fand.
Auf die Flügel der Asche geschwungen
kehrten wir zur Morgendämmerung der Hungrigen zurück.
Somit wurde meine Einsamkeit
zur Haltestation der Fremden,
mit der Sehnsucht nach dir!

Die Reinkarnation

Wenn du an einem stürmischen Tag stirbst,
wird deine Seele in den Körper eines Tigers fahren.
Wenn du an einem regnerischen Tag stirbst,
wird deine Seele in einen Tümpel eingehen.
Wenn du an einem sonnigen Tag stirbst,
wird deine Seele in die Reflexion eines Lichtstrahls eingehen.
Wenn du an einem verschneiten Tag stirbst,
wird deine Seele in den Körper eines Rebhuhns fahren.
Stirbst du an einem nebligen Tag,
fährt deine Seele in ein Tröpfchen.
Und wie ihr seht,
ich lebe noch und lese euch Gedichte vor.
seit längerem
ist meine Seele in Kurdistan hineingeflossen.

Lauer

Der Sturm lag immer auf der Lauer!
Ein Blatt wußte über alle Geheimnisse seines Baumes Bescheid,
der Beziehung zwischen ihm und dem Teich,
seinem nächtlichen Geflüster,
der Beziehung zwischen ihm, dem Vogel,
dem Brief zum Acker und dem Geschrei des Lichtes,
der Bewegung der Worte,
dem Sonnenuntergang im Wald,
und der Beziehung zwischen ihm und dem Mondschein,
auch der Beziehung zwischen seinem Schatten, dem Schafhirten
und dessen Flöte!
Der Winter lag immer auf der Lauer!
Und ein Körnchen Sand trug das Geheimnis des Baches in sich.
Das Geheimnis von ihm und den Wurzeln,
das Geheimnis von ihm und dem Blumentopf,
das Geheimnis von ihm und dem Gesicht der Schafhirtin,
das Geheimnis von ihm und der Brunnenquelle!
Die Überflutung lag immer auf der Lauer!
Der Sturm brach herein,
die Überflutung ergoss sich.
Das Blatt auf dem Thron des Baumastes und
der Sand am Wasserbett
sind beide gestorben,
aber keiner von ihnen
enthüllte das Geheimnis der Liebe!

Das Schreiben

Wenn ich mit einer Weinrebe schreibe
ist mein Papierkorb, bis ich aufstehe,
voller Traubenzweige!
Einmal schrieb ich mit dem Kopf einer Nachtigall,
als ich aufgestanden bin, war mein Glas voller Melodie!
Eines Tages schrieb ich mit dem Flügel eines Schmetterlings,
ich stand auf und
mein Tisch und meine Nische waren voll von Veilchen!
Und wenn ich mit dem Blumenstengel
aus der Halabdscha und Anfal-Ebene schreibe,
werde ich sobald ich aufstehe sehen,
dass mein Zimmer, mein Haus, meine Stadt und meine Heimat
alle voll von Geschrei,
den Augen der Kinder und
den Brüsten der Frauen sind!

Sherko Bekas

Mein dummer Vater
Dieses Heimatland ist ein Vater,
der sehr dumm ist!
Wenn er seinem Sohn eine Hose kauft,
muss er in der Zeitung davon berichten,
im Fernseher muss die Hose präsentiert werden,
im Radio muss darüber gesprochen werden und
am Ende muss das Ganze als Anzeige und
Buch herausgegeben werden!
Auch wenn er seiner Tochter einen Rock kauft,
müssen alle Röcke dieser Welt davon erfahren,
der Zentralpark muss diesen mit der eigenen Hand hochheben und
es sollte auf der Skipiste zur Schau gestellt werden!
Dieser mein geschwätziger Vater
sagt mir zehnmal am Tag:
„Ich habe für deine Gedichte einen Schirm aufgebaut,
damit sie im Sommer einen Schatten haben,
und im Winter nicht nass werden!
Ich habe für deine Geschichten eine Straße asphaltiert,
damit ihre Beine nicht mehr
in die Gruben und Senken hineinfallen.
Ich habe ein Krankenhaus für deine Worte eröffnet,
damit sie schnell behandelt werden, falls sie krank werden.
Außerdem habe ich dir einige neue Moscheen gebaut,
damit du Gott nicht vergisst.
Die größte Moschee davon ist jene,
deren Nase in der Kunsthalle hineinragt,
fünfmal am Tag auf Musik, Gesang und Dichtung niest,
und ihre Nase dann mit der Leinwand putzt!“
Oh, mein dummer Vater!
Du bist der einzige Vater,
der von seinem Sohn und seiner Tochter,
von der Straße, vom Baum,
von den Lebendigen und von den Toten,

vom Garten, von der Nachtigall und von seinen Parks
Dankbarkeit verlangt!

Fortgehen
Ich muss fortgehen!
Der Weg meiner Reise ist sehr lang,
lang wie die Leiden von Kurdistan,
wie die Zöpfe aller Liebenden dieser Welt,
Lang wie der Traum der Fremden und Arbeitslosen dieser Welt!
Ich muss fortgehen und dir nicht Auf Wiedersehen sagen!
Es ist die Reise der Liebe!
Diese Reise ist der Zug des Vogels des Aufstands.
Sie ist der Zug der Wunden,
auf dem Weg hat er tausende Haltestellen,
jedoch hat sie keinen Koffer dabei!
Manchmal wässrig, manchmal feurig und manchmal windig
fallen auf ihren Körper nieder,
jedoch hat sie nichts an!
Ich muss fortgehen und kann dir nicht Auf Wiedersehen sagen!

Sherko Bekas

Die Hoffnung

Meine Hoffnungen
sind wie die Platane:
sie wachsen zwar heran,
jedoch –
keine von ihnen trägt Früchte.
Ich überlege mir dieses Jahr,
in den kommenden Tagen,
ihnen eine Axt zum Geschenk zu machen,
und die Bäume,
die eine Größe größer als mein eigener Körper haben,
zu fällen.
.

Sherko Bekas

Zählen
Wenn du es schaffst,
jedes Blatt jenes Gartens einzeln zu zählen,
wenn du es schaffst,
jeden kleinen und großen Fisch jenes Flusses,
der an dir vorbeifließt,
Stück für Stück zu zählen,
wenn du es schaffst,
in der Jahreszeit des Zugs der südlichen und nördlichen Vögel
nördlich und südlich
jeden Vogel und jeden Fliegenden
einzeln zu zählen,
dann kann ich auch versprechen,
dir jedes Opfer der Erde dieses süßen Kurdistans
einzeln aufzuzählen!

Weizenebene
Ich war die Ebene des Weizengedichts gewesen,
und meine Mutter der Regen der Barmherzigkeit.
Ich war der Stein in der Wiege seines Gebirges,
meine Mutter das Heimatland.
Ich war der Draht des Nutzrades,
meine Mutter der Baum des Schmerzes und des Leides.
Ich war der Leib eines weißen Vogels,
sie der Himmel.
Ich der Schlaf und meine Mutter mein Kopf,
ich das Kaninchen und sie die Wiese,
ich die Schaukel und sie der Baum,
ich der Atem und sie die Brust,
ich das Rebhuhn und sie der Käfig,
ich die Epik und sie ihre dunkle Nacht.

Der Anzug
Jegliche Fröhlichkeit,
die ich anziehe,
hat entweder
zu große,
zu kurze,
zu breite,
oder zu enge Ärmel
für meinen Körper!
Und jegliche Traurigkeit,
die ich anziehe,
passt mir so,
als ob sie nach meinen eigenen Maßen
für mich genäht wurde,
egal wo ich bin!

Merke es dir!

Wenn der Vogel fliegt,
ist es nicht nur aufgrund des blauen Himmels!
Wenn die Wasserquelle sprudelt,
ist es nicht nur wegen des Mündens im Fluss!
Wenn der Baum den Schatten besitzt,
ist es nicht nur wegen seiner Äste und Blätter!
Wenn das Pferd prescht,
ist es nicht nur wegen der Peitsche seines Reiters!
Wenn der Wind weht,
ist es nicht nur wegen des Waldtanzes!
Und wenn du meine Gedichte liest,
ist es nicht nur wegen des Namens Sherko Bekas!

Zeichnen
Vier Kinder,
ein Türke, ein Perser, ein Araber
und ein Kurde,
zeichneten das Bild eines Mannes.
Das erste seine Hände,
das zweite seinen Kopf,
Das dritte seinen Leib und seine Beine,
und der vierte ein Gewehr auf seiner Schulter!

Sherko Bekas

Das Klavier
Auf einmal
flogen die Vögel
der Seelen aller Dichter der Welt hinaus.
Sie flogen herum
und landeten gelassen.
Dann ruhten sie in einer heiligen Truhe.
Heute nennt man diese Truhe
das Klavier!

Gedicht
Das Gedicht ist
die Stimme der Taube
in der Zeit der Liebe.
Das Gedicht ist
der Flügel des Schmetterlings
während des Regens.
Das Gedicht ist
der Staub eines Sterns,
der auf die Ebenen und den Berghang rieselt.
Und das Gedicht ist
die Fingerspitze der Kinder
in der Hölle von Kurdistan und
in den namenlosen Gräbern von Ruanda.

Sherko Bekas

Hier
ist der Berg, der Dichter,
der Baum, die Feder,
die Ebene, das Papier,
der Fluss, die Zeile,
der Stein, der Punkt.
Und ich war
das Fragezeichen!

Das Ende der Leiden
Ein Weber
wob
sein ganzes Leben
Bergamotten und Seiden.
Er wob auch Blumen.
Aber als er starb,
hatte er weder einen einzigen Teppich,
noch jemanden, der
eine Blume auf sein Grab ließ!

Falls
sie meinen Gedichten
die Blume entnehmen,
wird eine Jahreszeit sterben.
Falls sie die Liebe entnehmen,
werden zwei Jahreszeiten sterben.
Und wenn sie das Brot entnehmen,
werden drei Jahreszeiten sterben.
Aber wenn sie meinen Gedichten
die Freiheit entnehmen,
wird das Jahr,
das ganze Jahr sterben.

Oh Namenloser
Vor den Augen des Himmels
beraubten sie die Wolke.
Vor den Augen der Wolke,
den Wind.
Vor den Augen des Windes,
den Regen.
Vor den Augen des Regens,
die Erde.
Und letztendlich
vor den Augen aller
begruben sie lebendig zwei Augen,
die Augen,
die die Diebe gesehen hatten.

Eine prostituierende Halskette
zog ihre Kleidung
vor aller Augen aus und schrie:
„Ich verkaufe meinen eigenen Körper,
nur meinen Körper und basta!
Aber ich sehe, dass es
hier Leute gibt, die
vor aller Augen
den Körper des Gebirges,
den Körper der Ebene und des Gartens,
den Körper der Sonne und des Regens
verkauft haben und
ganz frech
auf dem Ehrenstuhl dieses Landes sitzen!"

Die Wunden
Die Geschichte kam,
maß ihren Körper
an der Länge deiner Wunden ab.
Deine Wunden waren ein, zwei Fingerbreit größer.
Als das Meer beabsichtigte,
die Tiefe seiner Wunden mit den deinigen zu vergleichen,
schrie es laut und
wäre fast in dir ertrunken!

Das Ruinengedicht
Das Wort pflanzten wir ein,
damit es morgen in den Ebenen heranwächst!
Das Wort streuten wir in den Wind,
damit im Himmel die Wahrheit fliegt!
Das Gedicht machten wir zum Steigbügel des Steines,
damit in den Bergen eine neue Geschichte rebellieren kann!
Jedoch Bedauern und Bedauern!
Wir brannten die Ebenen wie die Blätter nieder,
sperrten den Himmel ein und
terrorisierten die Berge.
So ist das Gedicht ebenfalls
zu einer verbrannten Ruine geworden.

Anker

Mein Herz ist wie
ein Schiff mit durchlöchertem Boden.
Darin dringt unentwegt Wasser ein,
Ich pumpe es aus.
Bis ich eine Schale altes Leid auspumpe,
ist es wieder voll von neuem Leid.
Jedoch wird dieses wankende Schiff weder sinken,
noch im Unwetter dieser Nacht ankern wollen!

Die Versammlung

Bei Sonnenuntergang,
auf der Versammlung der Bäume, als ein Baum zu reden anfing,
prahlte er damit, dass die Kamantscha seine Tochter sei!
Auf der Morgendämmerungsversammlung von einigen Teichen,
als ein Teich zu reden anfing,
prahlte er damit, dass der höchste Wasserfall sein Sohn sei!
Und in der Versammlung der Gebüsche eines Tales am Mittag,
als ein Schilfrohr zu reden anfing,
prahlte es damit, dass die Flöte seine Enkelin sei!
Als in der geheimen Versammlung von einigen Hügeln,
die Erde zu reden anfing,
prahlte sie damit, dass die schönste Amphore ihre Tochter sei!
In der blitzschnellen Versammlung des Gebirges,
als ein Berg an der Reihe war, zu reden,
prahlte er damit, dass Marmor seine Tochter sei!
Und als einer Nacht, in der aufgeregten Versammlung,
in der die Dörfer Kurdistans sich versammelt hatten,
die Staubwolke sprach, prahlte sie sehr damit,
dass „Nali " ihr Kind sein!

Die Freiheit
ist das Lied der Messer,
die Tasche der Diebe und
der Gebetsteppich der Äxte geworden.
Die Freiheit ist das Juwel der politischen Schlupflöcher
und der Händler der bunten Lügen
zwischen den Städten.
Die Freiheit ist der Sack der geschmuggelten Waren.
Oh, wer würde mir die vollständige Adresse der Freiheit geben?
Dieses ehrenlose Wort!
Die Freiheit ist ein Licht,
dass den Weg verlängert.

Sherko Bekas

Freundschaft
Durch eine Brise lernte ich
zum ersten Mal
den Herbst kennen.
Durch den Herbst lernte ich
zum ersten Mal
die Einsamkeit kennen.
Durch die Einsamkeit
das Heimweh,
durch das Heimweh
die Liebe und
durch die Liebe
das Gedicht.

Da sein
Heute Nacht sind aller Lichter an,
dennoch ist mein Haus dunkel.
Warum bist du noch nicht zurückgekehrt?!
Heute sind aller Lichter aus,
dennoch ist mein Haus hell,
bist du wieder zurückgekehrt?

Die Schönheit
Der Regen,
nicht alle seiner Tropfen sind schön,
jedoch heißen sie alle Regen.
Der Wald,
nicht alle seiner Bäume sind schön,
jedoch heißen sie alle Bäume.
Der Mensch Gottes,
der Vogel Gottes und
das Tier Gottes
sind nicht alle gleich schön –
und meine Gedichte ebenso!

Gedichtsland
Der Schnee sagte:
„Schreib schlicht, wie ich!
Und wenn du auftaust,
sei wieder ich!
Versinke in die Tiefe und
baue in diesem Gedichtsland
Meere und Seen auf!"

Du sollst wissen

Wenn der Mond hübscher als du wäre,
hätte ich dich niemals geliebt!
Wenn die Musik schöner als du wäre,
hätte ich dir niemals zugehört!
Wenn die Größe des Wasserfalls
zarter und attraktiver als deine wäre,
hätte ich dich niemals angeschaut!
Wenn der Garten einen besseren Duft als du hätte,
hätte ich dich niemals gerochen!
Und wenn du mich wegen des Gedichts fragst:
Ich hätte es niemals geschrieben,
wenn es dir nicht ganz genau geglichen hätte!

Eine Socke

Eine Socke blieb zurück,
die andere Socke nahm der Herbstwind mit.
Die Wäscheleine sagte ihr mit ihrer zarten Stimme:
„Es ist wohl euer Ende …“
Ab heute wird weder sie einen Nutzen für irgendjemanden haben,
noch du, der allein geblieben ist, kannst ohne sie weiterleben.
Es war aber nicht so!
Denn am Stadtrand
fand ein Jüngling diese Socke.
Er lehnte seinen Spazierstock an einen Stein,
zog die Socke an, und
dieses Bein
dankte ihr aus tiefstem Herzen.

Sherko Bekas

Ich selbst
Das war ich selbst,
der den aufgelösten Galgen
wieder neu aufgebaut und
auf der eigenen Schulter
nach Baghdad zurückgebracht hat!
Das war ich selbst,
der die ohnmächtige Schlange dieses Landes Irak
wieder neu zum Leben erweckt hat,
damit sie mich beißt!

Gottes Nobelpreis
Ich bin mir sicher:
wenn wir nicht ungerecht behandelt werden,
wird ein Kurde
aufgrund der erlittenen Gemetzel und seiner Vereinsamung
den Nobelpreis Gottes
erhalten.

Halabdscha

Es war der vierzehnte des Monats,
auf dem Berg Goydcha nahm der Wind mir meine Feder weg.
Als ich sie wiederfand und damit schrieb,
flogen meine Worte scharenweise fort.
Es war der fünzehnte des Monats,
da trug der Sirwan meine Feder fort.
Als ich sie herausfischte und damit schrieb,
wurden meine Gedichte zu Fischen.
Es war der sechszehnte des Monats,
Oh, jener sechzehnte des Monats !
Da nahm mir Scharasur die Feder weg,
als sie sie mir wiedergab um zu schreiben,
waren meine Finger ausgetrocknet!

Sherko Bekas

Verräter
Um Mitternacht, im Sommer,
auf einem Berg,
schlich sich eine Eibe
auf Zehenspitzen davon,
der Mond war noch kaum hinter dem Bergkamm
verschwunden.
Sie war alleine.
Sie ließ sich von keinem Zweig
oder Spaziergänger sehen.
Die Eibe blickte ins Tal,
suchte Zuflucht im Hause einer Axt.
Die Axt machte sie zum Wächter,
damit sie auf ihr Schloss aufpasse.
Eines Tages im Winter war es der alten Axt sehr kalt.
Sie zerstückelte die Eibe
und warf sie in den Kamin

108

Frau
Du bist nicht ein Tag,
du bist das ganze Jahr.
Du bist nicht eine Nacht,
ein Buch,
ein Tropfen,
ein Bild oder
ein Gemälde!
wenn du nicht existiertest,
wer könnte existieren?
Oh Frau, Frau, Frau, Frau!
Du bist das Leben!

Als ich ein Kind war
wollte meine linke Hand gerne,
wie die schick angezogene Hand unseres Nachbarkinds,
eine Armbanduhr haben.
Wie viel ich immer geweint habe!
Und meine Mutter biss notgedrungen in mein Handgelenk,
um mir mit ihren Bissspuren eine Uhr zu machen!
Was für eine schöne Uhr das war!
Als ich ein Kind war,
bedeutete Glücklichsein für mich
im Badezimmer im Becken mit der Schale in der Hand
in den Seifenschaum zu pusten
um grüne und rote Laternen zu schaffen.
Als ich ein Kind war,
saß ich im Winter vor der Wärme des Ofens und
beobachtete die hellen und feurigen Funken.
Ich, dieses Kind, wollte gerne mitten in die Funken hineingehen,
mich in die flammigen Kohlen setzen und
mir daraus ein Haus bauen.
Als ich ein Kind war,
wurde ich öfters nachmittags
zum Haus von Tante Manija geschickt,
um sauer eingelegtes Gemüse zu kaufen.
Oh, wie lecker das war!
Und wenn ich nach Hause zurückkehrte,
 an der engen Biegung der Gasse, heimlich, sodass keiner es sieht,
hatte ich blitzartig zwei Schlücke
aus der Schale des eingelegten Gemüses genommen.
Als ich ein Kind war,
bedeutete Lieben für mich, an der Nacht
vor dem Festtag bis zum Morgen,
solange meine Augen mitmachten,
meine neuen Schuhe fest zu umarmen.
Als ich erwachsen wurde,

sah meine linke Hand sehr viele schöne echte Uhren.
Aber keine von ihnen war wie die durch die Bissspuren
meiner Mutter gemachten Uhr an meinem Handgelenk!
Keine von ihnen hat mich so glücklich wie sie gemacht!
Als ich erwachsen wurde,
haben keine der Kronleuchter und Lichter meiner Zimmer,
mich so zum Lachen gebracht wie die Laterne aus Seifenschaum!
Als ich erwachsen wurde,
baute ich mit keinem Funken und keiner Flamme
ein Haus um darin zu wohnen.
Als ich erwachsen wurde,
schenkte mir keine Speise
den Geschmack jenes Schlucks von eingelegtem Gemüse.
Als ich erwachsen wurde,
brachte ich keine Schuhe, Hemden, oder neuen Hosen und
Krawatten mit ins Bett,
wie die geschenkten Schuhe des Festtages meiner Kindheit,
welche meine Augen bis Morgen offengehalten,
welche fest in meinem Arm geschlafen hatten!

Ähnlichkeiten

Ein Kind fragte seinen Vater:
„Lieber Vater, wer ist Gott?“
Der Vater antwortete:
„Gott ist jemand, der
allein,
heimatlos,
landlos,
ortlos und
platzlos ist“.
Und das Kind fragte wieder:
„Wieso, lieber Vater? Ist er auch etwa ein Kurde?“

Sherko Bekas

Sherko Bekas

ÜBER DEN AUTOR

Bahman Bahrami, Dr.phil.; geb. 1984 in Salas Babajani, Kermanschah

- 2002-2006: Bachelor der Sozialwissenschaften (Vertiefung Forschung) an der Kharazmi-University
- 2006-2008: Master der Sozialwissenschaften (Fachbereich Ethnologie/Anthropologie) an der Teheran-University
- 2011-2016: Promotion an der Georg-August-Universität Göttingen, Seminar Für Iranistik
- 2015-2020: Kurdischlektor an der Uni Göttingen
- Seit 2017: Angestellter als Sozialwissenschaftler bei der EJO

Weitere Werke des Autors:

- 2021: Die einzige Granatapfelblüte: Kurdische Märchen aus Salas Babajani, Amazon Selbstverlag, ISBN-13: 979-8712676880
- 2020: Schülerwörterbuch Deutsch-Sorani, Interkultura-Verlag
- 2017: Großer Lernwortschatz Deutsch – Kurdisch (Sorani), Interkultura Verlag, ISBN: 978-3946909033
- 2017: Mein erstes Bildwörterbuch Deutsch - Kurdisch Sorani: Spielerisch Deutsch lernen, Social-Business Verlag, ISBN: 978-3945348499
- 2016: Kurdische Volksliteratur unter dem Stamm Jaff, Amazon Selbstverlag, Leipzig, ISBN: 978-1535260466
- 2016: Der Drachenprinz von Louiza Fröbe, übersetzt in Sorani, Holm Keller GmbH, ISBN: 978-3981811506
- 2015: Kurdisch (Sorani) Für Anfänger, Amazon Selbstverlag, ISBN: 978-1514804148
- 2014: Gedichtsammlungen des kurdischen Volkshelden Māmo Lifta, Amazon Selbstverlag, ISBN: 978-1536891201
- 2011: Ā'īn-i Yārsān dar irtibāṭ bā adyān-i bāstān-i Īrān bā takīd bar mītrā'ism, Hevlêr (Arbil), Wezaretî Roşinbîrî, Ersch.-Jahr 1390 h. š.